INTRODUCTION
自 序

本來就有隨手塗鴉及記錄文字的習慣，
把政治漫畫與當初的文字書寫做一個匯整，
只單純想為自己做一次階段性的紀錄。
漫畫的構思，
通常是筆者的成長經驗，
或生活週遭點點滴滴的觀察。
看著一篇篇漫畫集結成冊時，
也更清楚這些年辛苦創作的脈絡。

朋友問我：編輯完成後的心情是什麼？
自己一時也說不上來，
那種心情就好像「脫褲懶」一樣吧，
見笑！但很舒爽。
僅希望──
本書能給成長在台灣母親羽翼下的我們，
提供一些值得深思的看法。

、2013.05
於 延伸觸角工作室

CONTENTS
目 錄

2006

這是生平第一幅投稿的政治漫畫。
這陣子,打開電視每台都是倒扁的新聞,每天看得心很煩,於是我就索性倒著看。
沒想到隔天報紙真的登出來了。

2006.10.01

紅衫軍站出來之後，台北市的交通就像大型的停車場，
故障的北市府則像個壞掉的紅燈，人們在十字路口無奈的等待，
等待馬市長的交待……

2006.10.10

阿扁是台灣勵志文化的代表，他從三級貧戶到總統的過程，代表一種力爭上游的理想。
如今第一夫人吳淑珍被起訴，南部電台的叩應可說是「如喪考妣」呀！
最近民進黨令人失望的表現無人可解。

2006.11.15

台北市民的新選擇！ 近日請在□內打✔，選錯後果自行負責！

□ 墨水 ①
●喝了一肚子墨水後，您會很快忘記您是誰！

□ 果汁 ②
●投資工廠臨時抽腿，目前原料及成分不明！

□ 開水 ③
●台北成份高雄煮沸，已經殺菌但保留礦物質

□ 汽水 ④
●轉投資後的新產品製造日期久遠！賞味期限不明！

□ 純水 ⑤
●逆滲透機製造不含礦物質醫師警告喝多宜防骨質疏鬆症

□ 烏龍 ⑥
●是水是茶搞烏龍？仍未搞清楚！

註※2006年台北市長候選人分別是：1號李敖.2號周玉蔻.3號謝長廷.4號宋楚瑜.5號郝龍斌.6號柯賜海

高雄市民的魯肉飯！ 近日請在□內打✔，選錯後果不堪設想！

□ 實在清涼 ①
●恁老師親自上陣無主廚卻保證實在

□ 獨家口味 ②
●有台商慘痛經驗標榜本土獨家口味

□ 微波食品 ③
●小明肚子餓想用速度決定您的未來

□ 自製研發 ④
●老頑童煮了26次吃或不吃繼續再煮

□ 延續接棒 ⑤
●謝謝主廚您好棒溫柔的魄力來接棒

《廣告》
超級比一比，同行對不起！

註※2006年高雄市長候選人分別是：1號黃俊英.2號林志昇.3號羅志明.4號林景元.5號陳菊

上圖↑刊載於自由時報 2006.12.04　　下圖↑刊載於自由時報 2006.12.05

一般說來，南部綠營的選舉場子比較熱，但選戰很激烈並不好打，
尤其藍綠雙方的財力懸殊實在太大了，能贏還真的要靠一點運氣呢！
每次越接近投票日，怪招、「奧步」特別多，就算選完了也不例外。

2006.12.13

紅著眼眶，完成了這幅畫⋯⋯

「四百年來第一戰，要將台灣變青天」口號喊得震天價響。1994年我把整個辦公室由內到外弄得像競選服務處似的，一下班就號召同事們去發傳單，晚上還開車到處去演講場幫忙。

記得陳定南先生競選省長那年，是我熱衷政治的開始。

2006.11.06

他的頭頭不見了

Merry X'mas! 終於選完了！
這些主席們有人開心、有人失落、有人成天在靠北靠母的、
還有人....悶不吭聲一溜煙的跑到美國去了。
這就是民主吧？！

2006.12.25

以前⋯⋯
主席都是
反共的！

現在他們卻
變成了親共
⋯⋯？

自從貪污事件爆發後⋯

他與人民的距離
也越來越遠了⋯⋯

長期被統派媒體操弄的
我們,可曾發現？

要遏止中資媒體
的亂象！
其最大的
力量是⋯⋯

TAIWAN
人民！

2006.12.31

2007

今天女兒問我：為什麼台南火車站前的馬路會有四個不同的名字呢？
女兒又問：為什麼台南的馬路都是1段2段的？而高雄的馬路都是1路2路的呢？
其實，每個鄉鎮道路的命名都有其淵源所在，連我自己也霧煞煞……

2007.01.01

今天畫完漫畫後拿給九歲的女兒看，她說看不懂，但覺得圖中這個人好奇怪！
於是我就問她：「寶貝女兒！妳是台灣人？還是中國人呢？」
女兒說：「厚！老爸你祝奇怪ㄟ捏！哇佇著台灣當然是台灣人呀！」。

2007.02.05

新聞媒體的偶像劇‥‥

新聞媒體偶像劇？這種奇怪的現象，長期以來都有人在操弄著。
極權需要造神，造神是一種圖騰崇拜，而民主就是一種除魅的過程。
只是，台灣現階段似乎仍是「造神易，除魅難」！

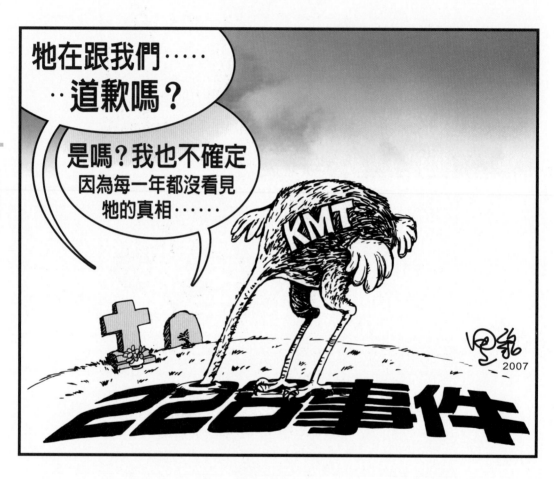

抬起頭來吧！讓我們知道「元兇」是誰？
請「加害者」誠實面對吧！歷史真相終究必需釐清。

2007.02.28

今天有人檢舉我的漫畫有抄襲的嫌疑。我很震驚！也很疑惑。
後來仔細比照，靈感文字漫畫都為自己的原創，但圖面架構與國外作品確實很相似呢！
自省後仍感到過意不去。晚上致電報社，主編支持我的創作，希望我別太在意。
但這事對於創作者，實在相當無言！

2007.03.05

2007.04.11

2007.04.23

2007.05.15

再見中正廟

喂！你知道中正廟．．．．已經正名了呢

嗯！可是有人說這是去蔣化！無聊！

所以我要去大中至正自由廣場嗆聲！

嗯！那我跟你一起去！

疑~老蔣！？你怎麼跑出來了

因為．．．．我一點也不民主呀！你們卻改成"民主紀念館"？

所以．．．．

對呀！所以我坐在裡面連自己都覺得很丟人！

2007.05.20

龍的傳說

Tainan

遙遠的東方有一條龍在台灣海峽出現.....

喂！我是中國龍！你是誰呀？

我？⋯⋯我也是龍呀！

四百年後，這一隻龍來者不善.....

喂！上次你說自己是龍！所以我們都是中國龍囉？

哦！**NO！**雖然我是龍！

但是，「龍」有很多種！我是台灣土生土長的龍⋯⋯

人稱 土龍！

X CHINA

拍誰！我是土龍

2007.06.20

這一段期間，心情很低落。台語說：瘦人厚筋瘦魚厚刺，朋友說是處女座太龜毛了...
老實說，真的很感謝自由廣場主編陳垣崇先生，在他的鼓勵下讓我對漫畫的熱情重新燃起。
也期許自己能保有幽默又具批判性的作品繼續出現。

2007.05.14

看完**李筱峰**教授的文章便有些想法。「有一個缸子裡面裝滿著白米，缸子外面貼上一個標籤，寫著『米』字，這是名符其實、順理成章之事。可是，如果有一天米吃光了，缸子裡改裝蕃薯，不過缸子外面的『米』字標籤還貼著，我們到底要根據『米』字標籤來認定缸子裡的東西是米呢？還是根據缸子裡面實際裝的東西來認定它是蕃薯呢？」

2007.10.08

母親ㄟ名叫台灣

Tainan 黑白

小時候我有個玩伴叫阿國，他的媽媽嗓門很大，常隔著大馬路跟對面人家講話。
在鄉下我們這些野孩子喜歡到處探險，記得每到黃昏時刻，阿國的媽媽就會出來找他，
有時，他媽媽手裡會拿著藤條追我們，然後大喊：「死囝仔！返來呷飯啦！」
當時大家都很怕她。長大後想起那個畫面：其實，蠻溫馨的。

2007.10.17

不知反省的他卻常常 打人喊救人？

漫畫的構思，往往是自己的成長經驗或生活週遭點點滴滴的觀察。
每次看見台灣選舉的一些亂象，腦海中就會浮起兒時玩伴與兄弟間爭吵的畫面，
表面看似不相干，但耍賴、惡人先告狀的「步數」又很類似呢。

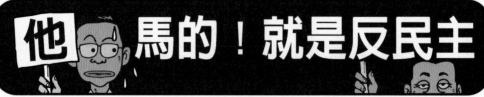

今天聽人轉述，謝長廷先生及幕僚都在看我的漫畫。嚇！雖開心但難免有點尷尬，
這讓我想起一個笑話：小明走進電梯裡，看四下無人就放了個屁。不巧，走進來一個女生，
而且是個長髮氣質的美眉，和正妹在這種狀況下獨處，實在令小明非常的尷尬呀！
因為小明知道，這女生一定聞到了一股濃濃的臭味……

2007.10.31

我常把謝先生畫得那麼醜，不知道他會不會在意？而且，明知他在看，我還繼續畫......
正當那女生轉過身來看著小明，小明馬上很緊張說：「這屁不是我放的喔！是之前下電梯的人放的。」但話一說完不到三秒，小明克制不住又放了個屁，而且有聲音，屁還比之前臭。
超尷尬的小明就說：「妳聞聞看喔！這屁才是我放的。」

2008.01.07

大樂透 漫畫討黨產

● 對獎日期：
97.01.12

畫政治漫畫最好玩的是：你可以天馬行空去發揮想像力，
甚至用KUSO的方式來表達你的心聲，在現實中不太可能出現的情形，
可藉由漫畫去表達一種觀念或理想。

2007.12.02

每個人多少會有一些習慣。
在我的成長過程中，隨手塗鴉算是一種惡習（家人的認知），
此習性如今卻讓我得以漫畫的形式發表，我想這也是始料未及的吧？

2007.12.09

耶誕節這天，國民黨的助選員(柱仔腳)阿明，正拖著疲憊的腳步(走路工)，
背著行李($$黨產)，來到他今天第1974次的行程(買票)。只是，阿明真的累壞了！
他竟然糊里糊塗的走到戲院的午夜場售票口。只是，沒人知道他究竟要做什麼？
此時已經是半夜零點廿五分，天空正飄著細雪⋯⋯

2007.12.25

2008

晨風徐緩
陽光片點的穿過雲層在樹梢上流晃
冬陽下小小的花朵依舊開得燦燄
夢想著國家遠景的花
會在什麼時候盛開？

城市的雨季早就已經過去
島國卻一直在風雨中飄搖
一直深信春寒的料峭會遠離
只是等待的路漫漫

Hi

路漫漫所感懷的一切事
窒息捆綁著愛台灣的每一顆心
多數的事我們都無力且無奈
卻在一片紛亂與吵嚷中蹣跚的前進

On

學會用另一個角度的視野
來看看海洋的遼闊
來認同這隻逆流而上的鯨魚
迎接2008 *Hi On！*
　　　台灣加油！

Tainan

畫政治漫畫有時雖然很頭痛，
但能自我安慰的是，我們不需要寫「落落長」的理論。
最開心的是：好作品能引起讀者的共鳴！

2008.01.27

Tainan

一黨獨大好危險！
台灣要開始向中國傾斜了？

2008.01.22

談到要做烏鴉，台中市長胡志強說：「烏鴉也不是每天都做，大家都講真話就好，
不一定就是要講壞話，烏鴉的聲音沒有改變，只是發出本能叫聲，就叫做真實的聲音。」
只是，烏鴉一出現，馬先生真的聽得進去嗎？

2008.04.22

台灣愛進步

用「輸到脫褲子」來形容這次民進黨的敗選，應該不為過吧？
一般認為因陳水扁陷入洗錢風暴，令民進黨走到谷底，導致2008年立委、總統大敗。
平常，隔壁鄰居的老先生看見我，寒暄的第一句話總是：「少年ㄟ！呷飽嘜？」
但是...最近的問候語竟然是：「幹！」

2008.05.06

鈔票，隱藏著許多暴力及某些人的權力慾望。
向錢看？人心當然會變。

2008.05.07

一蕊花生落地　爸爸媽媽疼最多　風若吹要蓋被　不倘乎伊墜落黑暗地
未開的花需要你我的關心　乎伊一片生長的土地
手牽手　心連心　咱站作伙　伊是咱的寶貝
作詞：陳明章　作曲：陳明章

2008.05.11

風中傳來一聲嘆息
在島國

被海洋擁抱的國度
遲遲無法傳唱自主的歌聲
卻看著獨立自主的樹葉逐漸凋零

島嶼雖沉默
但凝聚幸福的希望枝幹
依舊在逆境中發芽
逐漸的茁壯
逐漸的深耕

在混濁言論的最後一片樹葉飄落
在走過歷史沉重的圍牆後
將重塑一個新的國家願景

Tainan

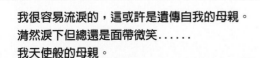

我很容易流淚的，這或許是遺傳自我的母親。
潸然淚下但總還是面帶微笑……
我天使般的母親。

畫這種沒對話的單幅漫畫⋯⋯
友人跟我說：它只能意會，不可言傳。

2008.05.21

網路上流傳一則笑話：有一隻烏龜在路上遇到了一隻蝸牛，烏龜看蝸牛爬得很辛苦，就跟蝸牛說：「你好辛苦喔！讓我來背你吧！」於是蝸牛就爬上了烏龜的背上。烏龜走了一段路後，又看到了一隻毛毛蟲，也對他說：「辛苦喔？你也到我背上來吧，我背你走。」這時，蝸牛對毛毛蟲說：「你要抓緊喔，烏龜爬得很快喔...」

2008.07.20

請台灣人務必要牢記這句話……
終極統一的中國人馬先生說:「他生為台灣人,化成灰也是台灣人」。

2008.09.08

一個無能的政治人物受到一夥幕僚的掌聲鼓勵,是一件很可怕的事。

2008.10.07

今天女兒月考，放學後她拿著考得最好的成績給我看，然後馬上一溜煙跑去玩了。
後來，我發現她的書本夾著一張數學的成績單，是紅色的分數。
我突然笑了……

2008.10.12

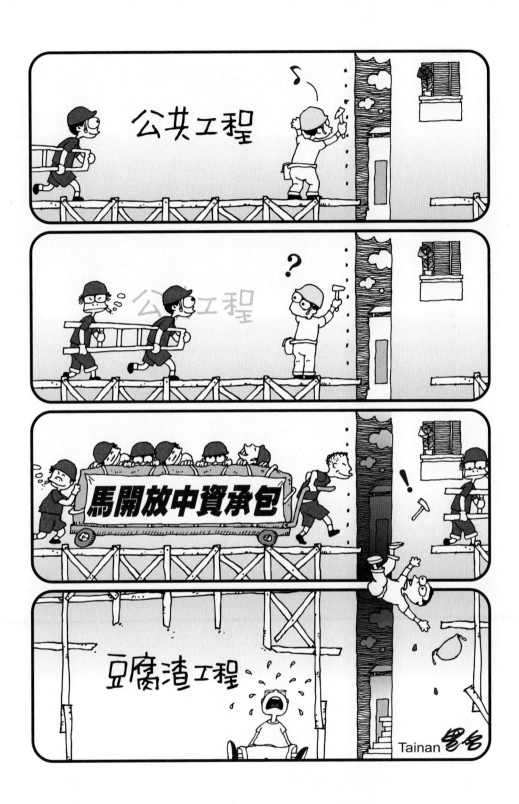

女兒很有繪畫的天份，她說長大後也要當設計師，看見孩子遺傳自己的嗜好覺得很欣慰。
有一次她問我：「設計是什麼呀？」，我跟女兒說：「設計是一種發現，其過程最重要是
多面向的學習...」語未畢，她又問：「那工程又是什麼？」我一時語塞吞了一口水才說：
「工程應該是一種良心事業吧！」。

2008.10.20

當馬桑遇見勞馬

海角七號 甲

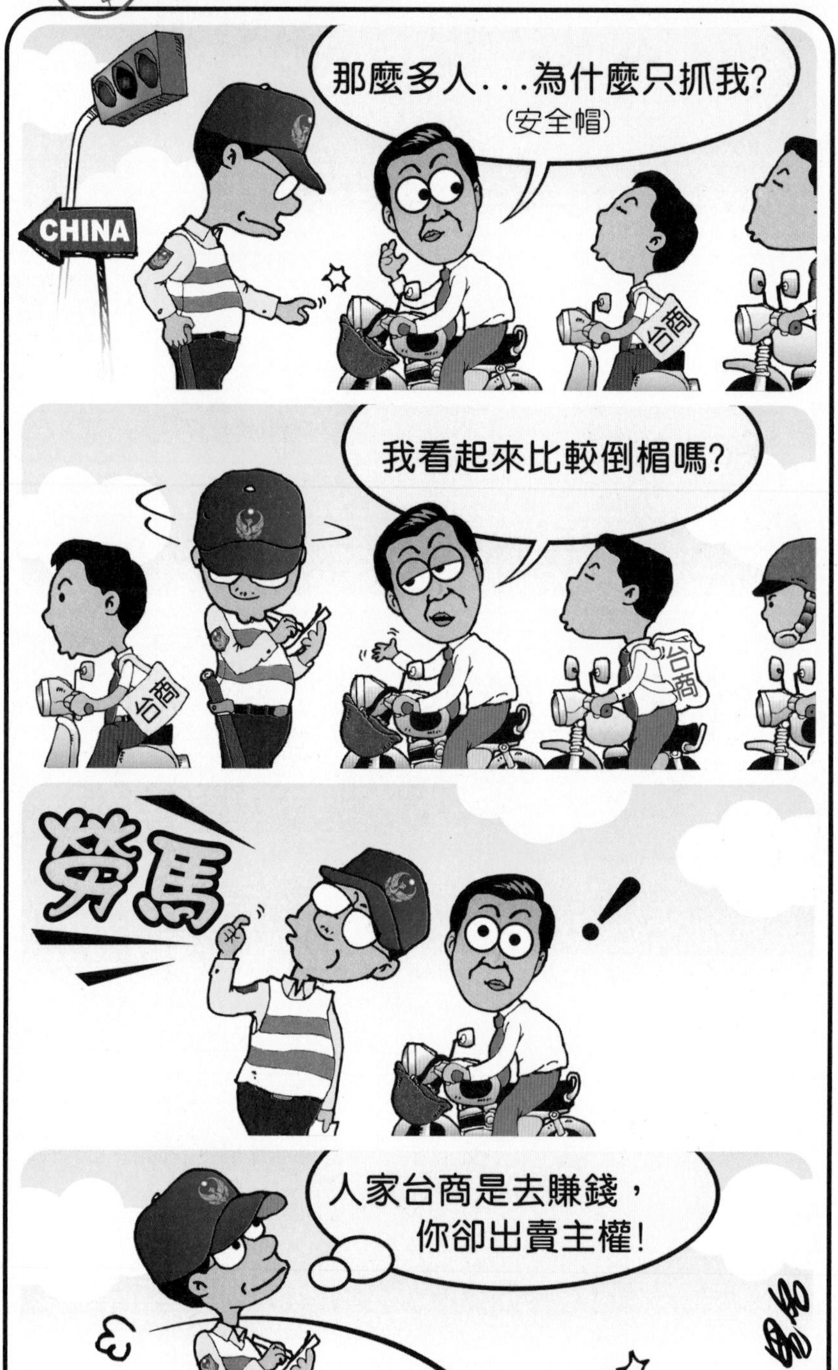

2008.10.05

當馬桑遇見茂伯

當馬桑遇見阿嘉

當馬桑遇見阿嘉

060

2008.10.15

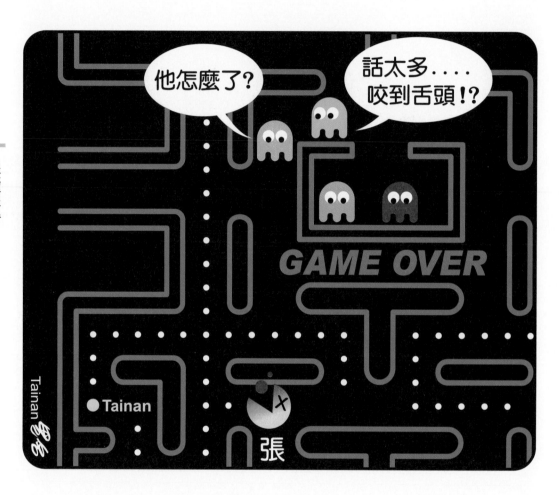

「用藝術化暴力，世界更有趣」......
中國海協會副會長張銘清，昨天脫隊跑去參觀台南孔廟，被民眾認出後包圍抗議，
民眾對他高喊：「台灣要獨立、台灣不是中國的！」張銘清則一路後退，在混亂推擠中，
張自己跌倒在地。我不太懂，他怎麼會這麼「白目」呢？

2008.10.22

這天，中國的官員來了！不管地位、無論身分，馬政府硬是要讓國旗消失！
國人拿自己的國旗竟然被當成賊寇處理！＃＄＊％！看得實在很生氣哪。
原來，中國人不在，國旗才可以見人，當有中國官員來時，國旗就見不得人了？

2008.11.05

Tainan 魚尾

【新聞事件】雲林縣民進黨籍縣長蘇治芬疑涉嫌璟美垃圾掩埋場收賄弊案，雲林地檢署在未經傳訊下即強制拘提蘇治芬到案。
隨後蘇展開絕食抗議，並持續兩百小時以上。立委管碧玲質疑，是不是陳雲林不能去雲林，就把雲林縣長抓起來？
立委葉宜津也嗆馬：有種把我們統統抓起來……

〈追蹤報導〉2011年4月29日，璟美垃圾掩埋場弊案與長庚醫院弊案，雲林地方法院一審宣判無罪。
2012年8月31日，高等法院台南分院宣判，二審仍判無罪。
2013年1月10日，最高法院駁回檢方上訴，判決蘇治芬無罪確定。
◎資料來源：維基百科

藝術家張永村說：「政治是爸爸常上街舉布條，媽媽說好貴的壞習慣」。
本人對於女性政治人物總是特別欽佩！因為，女性若是從政的話，
她所需要的勇氣與毅力是非比尋常的。

2008.11.12

「難道，你不期待彩虹嗎？」—這是導演魏德聖在電影裡相當有名的一句台詞。
民進黨執政八年卻遭台灣人民唾棄下台，衷心希望他們能真正深自反省！
值得欣慰的是，若不是這些活力十足的學生站出來，國家還有希望嗎？

2008.11.10

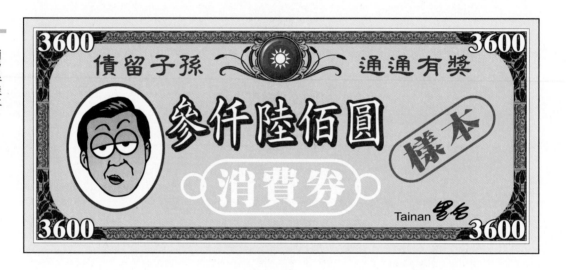

來呦！債留子孫，通通有獎啦！

2008.11.26

「不准在沒有統一編號的商家消費」，這對做小生意的老百姓來說，實在很不公平！

2008.11.18

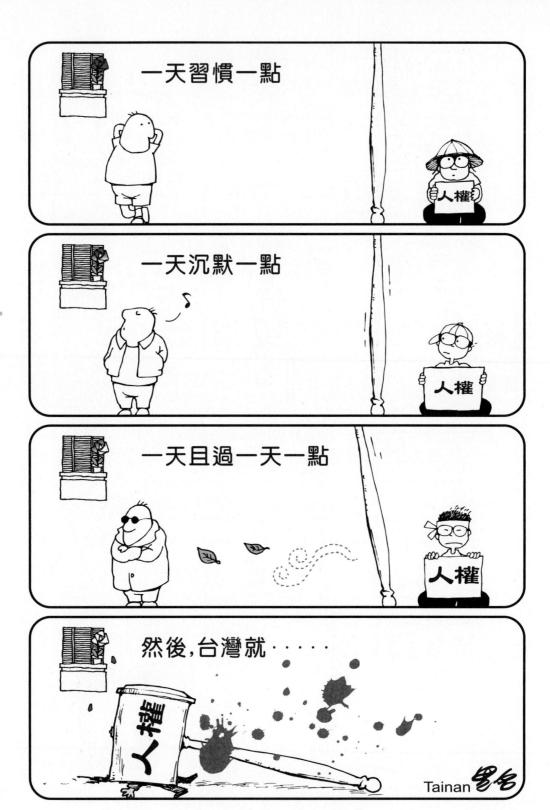

我們深信：在這個民主課堂上，人民是我們的導師，人權是我們的共識。
我們不是高傲的滋事份子，我們是以人民為師的知識份子。
掌握權力的執政者向無力的群眾致上謙卑的道歉，有這麼困難嗎？
臺灣・國立清華大學臺灣文學研究所　蔡文斌　　　　　　　　　　　　　2008.11.23

昨天,看著莫迪里安尼的畫冊入睡,感受到一種純粹的美。
今夜,我再度抱著書本時,卻已低首無言……

2008.11.30

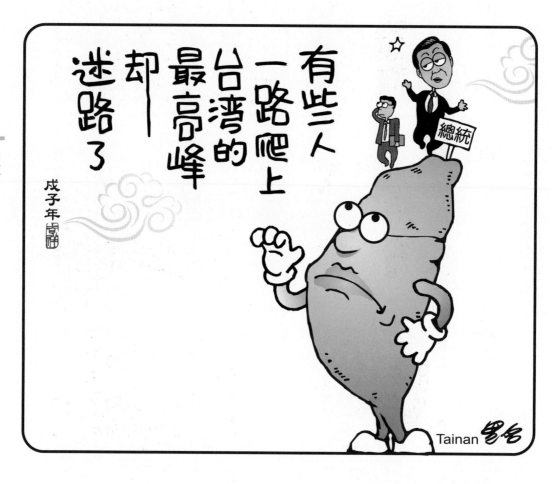

曾祖父跟祖父還在的時候，他們喜歡用筆墨畫山水、花鳥，畫人也畫神。父親擅長繪製建築圖，他用油彩畫風景與人像。至於我，水墨、水彩、書法、漫畫、平面與空間設計…美的事物我都愛！ 找一種自己最熱衷的興趣，不管用的是什麼媒介，認清楚自己！好好跟自己和平相處，這才是最重要的。

2008.12.10

2009

人民若是對政治冷漠，
政客自然更能為所欲為...

2009.02.15

軍訓處為保住教官飯碗，教官擬轉進國中小授課？
活在威權時代的馬政府，上任後不但要擴編大學教官的員額，現在更是要向下紮根...
哇哩咧！才唸國小的幼童阿榮，已經開始當兵了嗎？

2009.02.24

一個好的節目，如果有好的腳本就是好的開始......
「就要錄影囉！都準備好了嗎？」

2009.02.10

黑澤明電影《七武士》劇末的結論——
成功者終究落在,那些生存並且努力耕耘這塊土地的「農民」,
並不是政客、武士或惡人。

2009.03.09

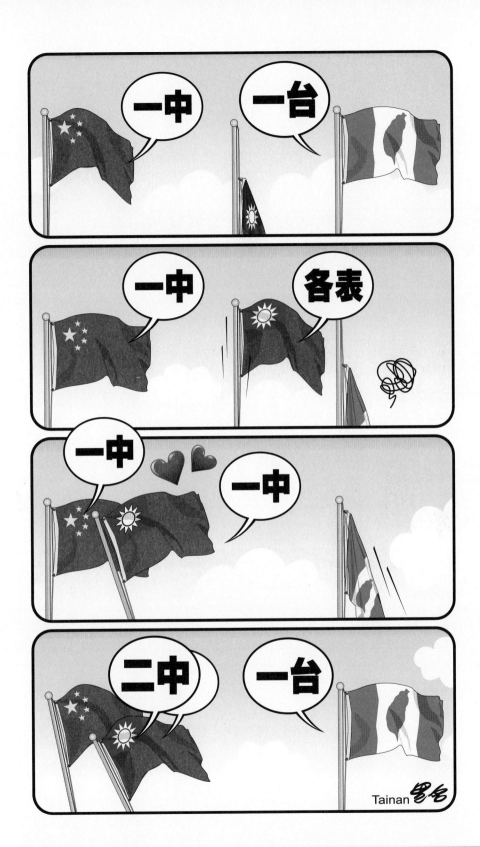

畫國旗不免讓人想起國歌，但看著它倒向五星旗時，又讓我想起化名「空空子」的藝術家李俊揚在他的作品《鬼歌》中寫到：「散民主義／無軀所終／已賤冥國／已盡大同／治爾多私／偽民餞鋒／夙夜匪懈／主義嗜寵／矢情矢勇／闊性闊忠／一新億得／貫徹屎終。」……
大開荒謬政治現象的玩笑。

2009.03.17

【新聞事件】喧騰年餘的前國民黨立委李慶安雙重國籍案,最終被迫辭職下台而重新改選,
　　　　　2009年3月29日補選出爐--不出所料國民黨籍立委依然當選。
〈個人觀點〉一個號稱全台最高級的台北大安區,居然仍被當成眷村竹籬笆的鐵票區相同看待?

小的時候,我的身高跟同儕相比高了一截,但舉凡跳高、跳遠、撐竿跳似乎都不行。
還好,草地上的足球運動還不錯,求學期間也踢了幾年的校隊。我一直懷疑自己是否
有懼高症呢?人生的際遇的確很有趣,入伍當兵後,竟然被選中進入空降部隊(傘兵),
那一年早也跳、晚也跳,簡直操得要死.....誰會料到呢?

2009.03.29

有一次巡視工地，跟工頭聊天：「台灣人對藍綠似乎有雙重標準？」旁邊抽著菸的油漆師傅搶著回答：「邏輯對，就沒有雙重標準了啦！」工頭對他說：「真囉唆！下午要上二度漆的材料你準備好了嗎？」油漆師傅說：「我早就準備好了！」工頭說沒看見呀，這名調皮的師傅說：「我準備好要讓你罵了呀！」真是無言...

2009.03.10

Tainan

嗯！我查了一下，台灣的確有很多「郭冠英」；他們分別住在：重慶南路、徐州路、
天津路、青島西路、長安西路、北平西路等，住遠一點的還有西藏路、貴州街、
敦煌路⋯⋯等等。不知道老闆要找的「郭冠英」是哪一個？

2009.03.15

「范蘭欽們」是坐領高薪的官員，自己說自己是高級外省人，還說台灣像個「鬼島」？
如果台灣是個「鬼島」的話，那麼總統豈不是成「鬼王」了嗎？ㄏㄏㄏ...
至於，每個月要發給你們的薪水，我看應該是......

2009.03.18

猜猜我是誰
Tainan 黑色

唉！這隻呆頭馬！ >.<"
始終不知道我們是誰？

2009.04.15

「女兒啊！妳那外籍老師是哪裡人？」「……」
「哈！我可是中國人也是台灣人呢！」「神經病！」
和女兒之間無厘頭的對話，經常是我創作的題材…

2009.06.16

記得網友飛魚說特愛這幅漫畫，雖然看起來淡淡的不慍不火，卻給人很多的想像空間。
你有沒有覺得，政治人物一旦取得了權力，總是因為「驕傲」才使人民陷於不幸？

2009.04.20

○您所不了解的外星人

天馬行空在白天胡思亂想
四格漫畫於半夜的夢裡 飛翔

等他上台以後，做錯事、說錯話了，還會繼續編出一套不是謊話的謊言，
來跟我們證明他沒有錯；如果還有錯的話，一定是我們搞錯了。

2009.05.03

「政治乃管理眾人之事？」這句話在英文版的維基百科寫的是：
" Politics is the process by which groups of people make decisions... "
「政治就是群眾做決定的過程...」

2009.05.17

一大早凌晨五點，跟幾位長輩相約在民生綠園文學館集結，阮麥來去台北城抗議囉！
台灣社會若對政治過於冷漠與不參與，將導致新自由主義的崛起...因為我們是少數吧？
所以，政府從不理會這些街頭的聲音！眼看著，台灣似乎傾向越來越恐怖的新自由主義，
不知道遊覽車上的冷氣是否太強？不由得戰慄了起來。

2009.05.12

一隻南部的狗往北趕路，一隻北部的狗往南行走。在濁水溪橋上碰面......
南下的狗訴苦說，台北的噪音和環境，再也無法忍受，想趕緊去南部呼吸新鮮的空氣。
北上的狗忿忿不平，傳聞台北有一隻馬頭狗身的怪物很囂張，想去向牠吠吠兩三聲...
台灣本土詩人錦連──《現代寓言》之九

去年馬的競選宣言是「馬上好」，後來他說：「因為我姓馬，（所以）實在很吃虧！」
這到底是口號還是馬的冷笑話呢？我們不知道。常言道：「君無戲言」，
試想：「吃虧」這字辭，如今聽在農漁業受災戶或浸泡在水裡災民的心裡，
不知做何感想？

2009.06.14

你累了嗎？當總統一定很辛苦吧？現在還得兼任中國國民黨的黨主席！
記得，第一夫人<u>周美青</u>曾說：「他又沒做什麼！怎麼會累呢？」這句話經媒體報導後，
大家都覺得很經典，因為對照馬執政至今，他似乎真的什麼事都沒做呢！
不過...<u>馬</u>總統的「傾中政策」倒是做得很多，也很快！　　　　　　　　2009.06.15

裁縫師：「等一下妳要記得拿鑰匙哦！」
小英：「？？？？？？？」
烏鴉：「厚！難道妳不知道，法院是中國國民黨開的嗎？」

2009.06.23

超人說：「救我！」
台灣人權回答：「我都自身難保了......」

扁國務機要費無期徒刑 VS 馬特別費無罪......
？？？？？？
因為，扁沒有「大水庫理論」幫他脫罪！
又或則，扁沒有「余文」幫他頂罪！

2009.09.13

相信不久的將來，人民幣會接著進來...
然後，銀行的定存利率人民幣一定會高於新台幣。眼看...中資就要來台炒樓了！
人民「挫咧等」。

2009.06.09

偶爾會看一下政論節目，來賓「扣應」進來的問題五花八門，從某個角度看，蠻有意思的。
我就在想：有一天馬總統會不會冒充民眾打進來呀？而且還壓低聲音問他想知道的問題。
如果是我的話就會這麼做呢。喂喂喂......

2009.04.13

「姿勢」是一百分啦！但後續發展不知道。

2009.06.30

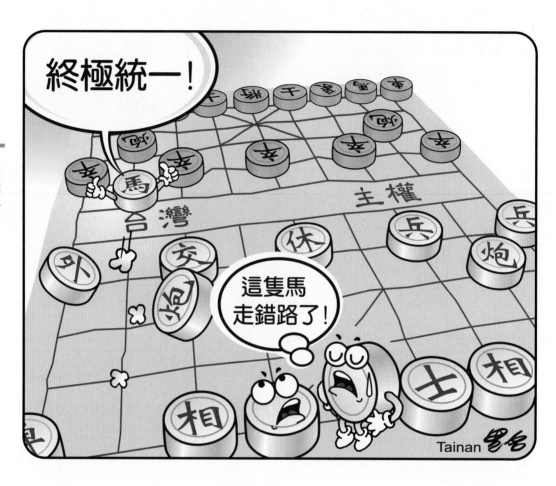

記得當兵的時候很喜歡下棋，偶爾會遇見棋品不好、耍賴或逃棋的棋友。
趁對方不注意、沒防備，吃掉對方棋子的招數，我們稱之為「偷吃步」。而歇後語說：
「事急馬行田」，則比喻遇危急時便亂了手腳，因馬走「日」字步，象走「田」字步
才正確。至於...像圖中這隻馬的走法，非常罕見。

2009.08.05

一個能言善道的人，被人發現說錯話或做錯事時，他總是有藉口為自己開脫。
去香港考察土石流？變成去找算命師。赴港花自己的錢？兩週後改口承認有拿國家的經費，
但他先說自己簽名，後又改稱授權助理簽名，不用自己簽名……
「白賊義」這個綽號，已逐漸獲得國人廣泛認同。

2009.09.15

你不要指望「車輪牌」會認錯，他們沒有認錯的習慣。
人命關天又怎樣？正確的依然是他們。

2009.08.10

眾所皆知，馬很愛做筆記，他擅長找別人的錯字。這次勘災，認真的他當然沒忘記算次數，全國民眾這樣罵他，想必馬定覺得很委屈吧？常言說：「人非聖賢，孰能無過？」何況是天災。聖賢會有過錯，但馬先生不會有。他，永遠是正確的，即使錯了，也一定是我們搞錯了！對吧？

2009.09.22

美國牛肉

漫畫場景--抗議活動的街頭
人民走了，官員笑了。牛聽到官員說：那關我什麼事呀？...

2009.10.25

台南人都知道，1992年海安路的地下街弊案，歷經了幾任市長都沒法解決，延宕13年後，直到許添財上任的第1年，路面才通車……我有一位醫生朋友，旅日歸國後定居於此區，孩子出生那年工程剛開挖，有一次他無奈的說：「我兒子都唸國中了，攔阿麥做好喔？」我笑著回應：「我看等你兒子老了，黨產還是沒歸零呢！」

2009.10.19

台灣的選舉制度公平嗎？
政黨有幾百億不法的黨產！
公平正義在哪裡？

2009.11.25

台灣的法律公平嗎？
現在人心都在變，什麼最實在？
販賣機！販賣機才是世界上最公平、最實在的！

2009.11.15

你有沒有覺得：政治人物跟偷情者一樣，都假假的？

2009.11.24

Tainan

事實上，亂七八糟的演講內容，還是會有人給他很大的掌聲！不是嗎？
至於，那些不好聽的建議聲？你要知道，馬永遠是聽不進去的。

2009.12.14

網路笑話：馬老師在黑板上畫了一個蘋果，然後提問：「孩子們，這是什麼呀？」孩子們異口同聲地回答：「屁股！」馬老師哭著跑出教室，找校長告狀：孩子們嘲笑人。校長走進教室，表情嚴肅地說：「你們怎麼把老師氣哭了？啊！還在黑板上畫了個屁股？」

把蘋果畫成了屁股，還好意思哭，還好意思告狀，了不起。

2009.03.09

西海岸看得見日出嗎？
大自然，讓聰明人和傻瓜一樣擁有幻想和錯覺。
從「偏見」到個人主觀式的直覺錯誤，使得這位哈佛的「聰明人」似乎盡幹些蠢事。

2009.03.17

剖開馬的「謊言」，裡面包著無盡的「蜜糖」。
專家說：「糖」比毒品更容易讓人上癮。
人命關天，統帥可知？

2009.12.28

最近H1N1造成國人恐慌，大家都怕得要命，當媒體報導疫苗藥劑庫存量不足時，
我們的官員說：「打完疫苗可能往生...」聽到這句話時，真的很無言。
讓人民能「免於恐懼」，不是政府給國人最基本的保障嗎？

2010.01.06

冷風中徒步遷徙
照映著島國的海岸線

沉默的腳步
巨大的動容

步履相互依偎
汗水親吻著土地

行走千里
在默禱中
拉開心中願景追尋的序曲

美麗的文字與本人的拙圖
希望讓思路更為寬廣　行動更有力量

2009.11.29

2010

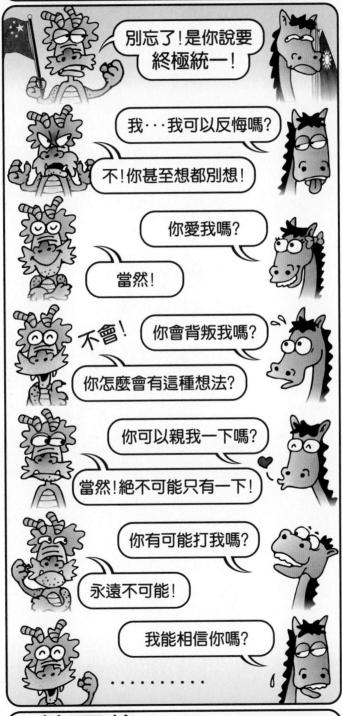

最近成天都想著「那個」，不知道該怎麼辦才好？
於是，我開始放空冥想，因為，大家都說沉迷自慰不太好。
冥想結束之後就會想畫畫，當漫畫作品完成時，
沒想到，竟然...感覺比剛剛「那個」還爽呢！

2010.01.27

行政院通過縣市合併升格之後，有人說：這化解了民進黨內的分裂危機。

但，事實上民進黨在台南仍是危機重重，只不過從一種危機轉化成另一種危機而已。

令人意外的是：昨天陳唐山先生突然宣布停止競選活動了。此舉，雖不知後續發展如何，

但看在台南市民的眼裡，他的表態動作倒是很「婿氣」呢！

2010.01.20

政府說：「支持ECFA經濟一路發！」這是真的嗎？
綠營人士說：「馬政府是台灣最大的詐騙集團...」也是真的嗎？
我只知道，如果農產品從中國一直進口，台灣的農民很快就會死了！
（尤其是南部）

2010.02.08

找一找哪裡不一樣

也許是對馬政府執政的無奈，
只好把「謊言」當「笑話」看待。

2010.06.08

ECFA算命仙

繼小三通開放後,看來ECFA勢必亦於近期完成簽署,日後兩岸商務往來將更加頻繁,
台商在中國包二奶的情形也會隨之增加,這對台灣的元配及子女亦造成相當大的傷害。
有句戲言:「十個台商有九個『包二奶』,沒包的那個則是因為性無能。」這話很誇張,
然而,台商在中國出軌而導致妻離子散的下場,時有所聞。

2010.07.12

女兒很喜歡看我畫這類可愛型的圖案，
但今天她說：「爸爸！你的四格漫畫，其實我常看不太懂捏！」
我：「沒關係！妳以後就看得懂了」，女兒：「什麼時候？」
我：「幾年後吧！也許十年或更久，如果妳還記得的話……」

ECFA害死農業

發酵什麼？是不是有人又在說謊了？
我記得有位藝術家說：「政治是一個字可以殺死許多人的屠宰場」。
犧牲了農業之後，誰是最大受益者？為何國民黨這麼急著要簽呢？

2010.07.27

它讓我們從「觸目驚心」到「怵目驚心」！

2010.07.20

苦民所苦

有人說，為何明明是A咖的人才，當了官之後卻變成B咖，甚至C咖呢？
還有，官越高似乎口號就越多！譬如：「苦民所苦」。詩人莫渝在《口號》這首詩寫道：
習慣喊口號的人，靠口號生活，日子不能短缺流動口號。習慣喊口號的人，夢中大喊口號，
走在街上，喃喃喊口號，廣場聚會，用流動口號寒暄......

2010.08.01

莫

喜歡新詩，但要寫出美麗的文字，對我而言很吃力，
卻總是輕易把情緒融入漫畫裡，所以創作過程煎熬不已。
就這樣畫畫又停停的......作品完成後，令我更討厭政治人物了。

◎2010/08/03苗栗竹南大埔里73歲阿嬤自殺身亡，家屬控訴縣府強制徵收農田...

2010.08.22

中華民國拖累了台灣！
都已經亡了，還跟台灣牽扯不清。

刊載於自由時報 2010.07.11

一名學生氣憤不平的說：「為什麼不可以？我覺得很不合理。」
台灣的「雙十國慶」將至，台籍裁判長居然不准自己同胞在國際比賽拿國旗展現愛國心，
裁判這麼怕中國，到底為什麼？我想這叫做「上行下效」吧！因為，馬政府經常在國際場合
自我矮化。唉！這到底是啥米總統啦！

2010.10.10

驩上抱抱

什麼樣的人，會成為任人操縱的布偶呢？一旦成了布偶，他還有良心嗎？
詩人莫渝在《良心》這首詩就曾寫道：誰摸誰的良心？被恨蝕盡的政客，一覺醒來，
摸摸胸前，猛然驚跳，找不到良心的位子。冷靜的他，一貫不動聲色，披上溫和臉容，
塗抹微笑劑，走向議壇......

2010.10.27

希望全台灣人民給金恆煒最溫暖的擁抱......專欄作家曹長青說：這位在中國出生的「外省人」，卻沒有多數外省知識份子熱中的大中國情結，而是義無反顧地認同台灣，一往情深地熱愛台灣... 他曾遭統派毆打，罵他「丟了外省人的臉」。但他沒有絲毫後退，其凜然風骨，如同「卡在國民黨喉嚨的一根骨頭」！

2010.10.19

2010.12.26

2011

畫漫畫是我的興趣，室內設計則是工作。台南佳里人，喜歡塗鴉源自家族繪畫環境。影響
我最深的人是父親(圖右1)，但從小卻最怕畫漫畫被他撞見，就算比賽獲獎也只敢與母親分
享。至今，畫漫畫仍是我的秘密，存於內心深處的某些渴望、畏懼、驚奇通通在漫畫裡面
。過年我將給父親一個大大的擁抱，跟他說從沒講過的話......

2011.02.02

今天早上，前妻把女兒帶走了！寶貝只留下一張字條給我。
我痛不欲生。

2011.03.14

「如果你想讓上帝發笑的話，只要告訴祂你的人生計畫」-- 伍迪‧艾倫

2011.05.08

自然、現實與人生是藝術創作永遠取之不盡、用之不竭的泉源。
用心去思考、用獨特的「心眼」去體會這些題材,創作將有無窮的可能性。

2011.07.12

民主是什麼？
藝術家說：「民主是三原色混合後的濁色」。

2011.12.14

這段日子以來...
我把畫政治漫畫當成是一種止痛藥，
用來舒緩生活中那種無力感。

2011.05.18

畫這種諷刺性的漫畫，
過程中，我經常不停地哈哈大笑，連眼淚都飆出來了…
但完成後，心情卻又低落不已。

2011.09.12

今天鄭弘儀在《大話新聞》拿這張漫畫當引言……
自己經常有這些看似莫名奇妙的構思，朋友說很KUSO，有人說很傳神，但我時常在想：
面對台灣現今的民主成就，不知道大家感到欣慰？還是悲哀？

2011.11.23

關於這幅漫畫，其實我想表達的是……

悲哀ㄚ！

2011.12.13

在野黨對執政黨提出建設性的批評是民主政治的常軌。
台灣現在是：執政黨的批評火力卻比在野黨兇！很怪吧？應該要自我反省一下了！
我是說民進黨。

2011.11.30

想一想，看見鏡中的自己頭髮凌亂時，你會有什麼舉動？
這個時候，伸出手去撫平鏡中自己的髮絲是徒勞無功的，你必須撥弄自己頭上的頭髮，
將它整理好，鏡中的你才會一樣變得儀容整齊。
引用自《鏡的法則》— 野口嘉則   2011.12.12

男人只剩一張嘴

「夭壽骨！你卡ㄟ畫安捏呀？」我的老友陳世曉先生看見後這麼說。
陳桑年約七十仍活力十足，精通台灣俚語的他時常來找我「畫虎爛」，
我撇著嘴說：「靠腰！呀擱腳手攏斷去，只剩一隻嘴……」

2011.12.25

2012

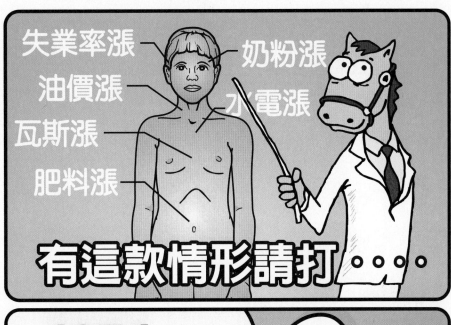

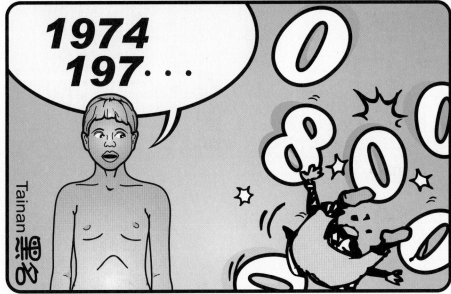

唉！物價飆漲，
人民苦不堪言......

2012.01.03

再四年，你受得了嗎？
台灣近幾年向中國嚴重傾斜，來自對岸的影響力到處可見，
連電視談話性節目內容都傳出中國干預，而最近在媒體重大併購案中，
財團跨媒體壟斷陰影逐漸浮現……

2012.01.08

未來？有時候我連想都不敢想。
中國經濟規模日益崛起，北京早已挑明要「以經促統、以商逼政」，
馬政府的傾中路線卻是越走越窮，看來「後ECFA」的台灣薪災還會越演越烈。

2012.01.16

228受難者及其家屬勇敢站出來的同時，司法至今仍未追究「加害者」......
這事件本質上是正義的問題，元兇是誰？受難者當然有追查的權利，歷史真相必須要釐清。
今日，立委姚文智提議全面汰換有蔣介石肖像的硬幣，改為對台灣有重大貢獻的人物，
像是228受難者陳澄波畫家等。我非常的認同！

2012.02.26

記得幾年前，跟幾位畫會的朋友一起開美術聯展，過程中才深刻體會：
我們常被同樣的框框限制住自己，沒去發現這世上優秀的作品實在太多了，
若能用心去體會身邊的一切，好的作家、畫家或設計師，絕對不止我們認識的那幾個。
一個驕傲的人，結果總是在驕傲裏毀滅了自己。

2012.03.13

下台吧！

2012.03.18

在漫畫中經常出現的這隻土黃色的狗，最後（第四格）牠笑了！
牠好像在笑我們：太容易相信電視媒體了……

2012.03.25

《註》 因為工作的關係，每隔兩年都會去義大利看「米蘭家具展」…
現在智慧型手機很方便，馬上將這幅未上色的「手稿」傳給報社。

其實，右邊這個老外很沒禮貌…阮叨ㄟ好壞甘恁啥代誌呀！
但也只能顧左右而言他：My English isn't good, but I still tell you,
there are beautiful places and delicious foods in Taiwan, it is a great country!

2012.04.22

《註》 歐盟依據科學根據決定不使用、不進口含有瘦肉精殘留的肉品。
台灣人似乎比較可憐。以中國的食品衛生水準，也都不准使用瘦肉精……

為了方便或便宜，我們可以連續幾天都在同家餐館吃飯，
不過通常到了第三天後，心裡老想著：咱台南ㄟ肉燥飯及虱目魚湯！
人在外地諸多不便，但最令人困擾的是外老常會問你：Chinese? 我心想：幹！又來了。
又得說一次：No! No! No! I come form Taiwan.

2012.04.29

這是刊登在《自由時報》的最後一篇創作，目前該報社已停止漫畫投稿。

2012.06.12

關於政治漫畫與我的對話

編輯時間 / 2012年10月~2013年5月
完成日期 / 2013年5月

作　　者 / 台南黑名
美術主編 / 黃厚銘
封面設計 / 黃厚銘
內文排版 / 黃厚銘

出版 / 前衛出版社
地址 / 台北市中山區農安街153號4樓之3
電話 / (02)2586-5708
傳真 / (02)2586-3758

初版 / 2013年7月第一刷
ISBN　978-957-801-720-7
定價 / 300元
總經銷 / 紅螞蟻(02)2795-3656

Tainan 黑名

台南黑名〈黃厚銘〉佳里人

現任/

延伸觸角工程設計〉室內設計師

簡歷/

成功大學空專〉約聘美術講師
台南社教館〉美術研習講師
台南學苑〉美術研習講師
嘉南藥專〉社團美術講師
新台灣週刊〉政治漫畫專欄作家
自由時報〉自由廣場漫畫作家

得獎/

1982美術設計協會〉平面組理事長獎
1983中部七縣市美展〉水彩類佳作
1984全省藝文美展〉國畫類優選
1986全國漫畫大擂台〉四幅組佳作
1988國防部宣導海報比賽〉第一名
2005台南歸仁文化中心〉美術聯展

✉ tainanbw@yahoo.com.tw